AF224424

A. HEISS

A PROPOS

DES MÉDAILLES ET DES PORTRAITS

DE DON CARLOS

FILS DE PHILIPPE II, ROI D'ESPAGNE

Extrait de l'Annuaire de la Société de Numismatique,
année 1891.

PARIS

AU SIÈGE DE LA SOCIÉTÉ FRANÇAISE DE NUMISMATIQUE

25, RUE LAS CASES, 25

—

1891

L'*Annuaire de la Société française de numismatique* paraît tous les deux mois par fascicules d'au moins 64 pages, et forme, chaque année, un volume d'environ 400 pages.

On s'abonne à Paris, au siège de la Société française de Numismatique, 25, rue Las Cases. Les abonnements partent du 1er anvier et ne sont reçus que pour l'année entière.

Le prix de l'abonnement est de 20 francs.

Toutes les communications relatives à l'*Annuaire* doivent être adressées franco à M. DE BELFORT, directeur de l'*Annuaire de numismatique*, rue Las Cases, 25, à Paris.

A PROPOS

DES MÉDAILLES ET DES PORTRAITS

DE DON CARLOS

FILS DE PHILIPPE II, ROI D'ESPAGNE

Pl. III.

Les rapports officiels ou secrets des ambassadeurs et chargés d'affaires, des principales puissances de l'Europe, près de la cour d'Espagne, sont assez abondants en ce qui concerne don Carlos.

Il n'en est pas de même des documents iconographiques.

En peinture, nous ne connaissons, faits d'après nature, que trois portraits, celui de Sanchez Coello, peint en 1557[1]; un second, d'un artiste inconnu, où le prince est représenté de trois ou quatre ans plus âgé[2]; le troisième qui appartient à M. le comte d'Oñate et est daté de 1567[3]. Nous le décrirons plus loin.

---

1. Musée de Madrid, n° 1032. Hauteur 1 09, largeur 0 95. Toile. Le prince est représenté âgé d'environ douze ans, debout, de face, un peu plus d'à mi-corps et de grandeur naturelle.

2. Portrait de trois quarts. Buste, tête nue, cheveux courts comme le prince les portait toujours. Collection du général Nogues à Madrid.

3. Le prince à mi-jambe, presque de face, dans un riche costume de satin blanc, tête nue, cheveux courts. Il porte le grand collier de la Toison d'or, appuie sa main droite sur la garde de son épée et la gauche sur la poignée de sa dague. Sur les rideaux carmin clair qui forment le fond du tableau, on lit : ÆTATIS SVÆ XXII.

Il n'y a de portrait authentique, en médaille[1], que celui que le sculpteur italien Pompeo Leoni[2] a modelé en 1557 et auquel il a accolé différents revers. Du même artiste est la statue de don Carlos, en bronze doré et ciselé, faisant partie du groupe de la famille de Philippe II, placé à droite du maître-autel de l'Eglise du monastère de l'Escurial.

Enfin, dans une des vitrines du Cabinet national de France, on conserve une topaze de Saxe, sur laquelle sont gravés en creux les portraits en regard du roi d'Espagne et de son fils. L'auteur de cette admirable intaille, datée de 1566, mais non signée, pourrait être aussi Pompeo Leoni.

Il nous a semblé qu'en s'appuyant sur des documents écrits ou peints, la médaille de don Carlos observée dans ses transformations successives pourrait être l'objet d'une étude intéressante.

I.

Parmi les artistes emmenés en Espagne par Charles-Quint, après son abdication, figure Pompeo Leoni qui se fixa, par ordre de l'Empereur, vers la fin d'octobre 1556[3], à Valladolid où résidaient la régente dona Juana[4] avec

---

1. Van Loon, dans son Histoire métallique des Pays-Bas, donne, page 120 du premier volume, une médaille de 35 millimètres de diamètre à l'effigie de don Carlos, de face et cuirassé. Nous ne l'avons vue dans aucune collection, nous l'avons fait représenter sous le n° 4.

2. Pompeo Leoni, sculpteur attitré de Philippe II, était fils du célèbre orfèvre, sculpteur et médailleur, Leone Leoni, non moins fameux par son talent que par sa haine contre Benvenuto Cellini et la férocité de son caractère.

3. Il lui fut alloué trente ducats mensuels à partir du 2 novembre 1556 (E. PLON, *Leone Leoni et Pompeo Leoni*, page 132).

4. Dona Juana, née à Madrid le 24 juin 1535, mariée en 1552 avec don Juan, héritier de Portugal, mort avant son père Jean III, le 2 janvier 1554. Dona Juana restée veuve et enceinte, accoucha le 20 du

son neveu don Carlos. C'est peu de temps après son arrivée dans cette ville, que Pompeo fit la médaille du prince d'Espagne puisqu'elle est datée de 1557. C'est aussi à la même époque que fut peint son portrait par Sanchez Coello, qui vivait alors à la Cour de la régente dont il était le protégé [1].

Le tableau de Coello, la médaille de Pompeo, montrent qu'à douze ans, le prince n'avait aucune des grâces de son âge. Le talent des deux artistes n'est pas parvenu à rendre agréable la physionomie qu'ils avaient à reproduire. On croit aisément, à l'aspect de ces traits antipathiques, les actes de méchanceté que les rapports des Vénitiens Federico Badoaro et Paolo Tiepolo, reprochaient déjà à l'héritier de Philippe II.

Suivant Tiepolo, les mauvais instincts de l'enfant se révélèrent dès sa naissance. Il affirme, ce qui n'est guère croyable qu'il aurait non seulement mordu, mais mangé littéralement le sein à trois de ses nourrices. Plus tard, en 1556, Badoaro raconte que le prince, alors dans sa douzième année, aimait à faire rôtir vivants les animaux pris à la chasse et qu'un jour, une tortue, avec laquelle il jouait, lui ayant pincé le doigt, il lui arracha la tête avec ses dents.

La légende du droit de la médaille n° 1 est : **CAROLVS· P·F·HISPP·PRINCEPS·ÆT·AN·XII — F·POMP·**, 1557

Celle du revers : **IN BENIGNITATEM PROMPTIOR**, est une flatterie de l'artiste, ou du courtisan bel-esprit, qui aura fourni l'inscription. Si l'Apollon, qui offre les grâces, est

---

même mois, d'un fils, don Sébastien, qui devint roi et périt, comme on sait, en Afrique, à la bataille d'Alcazarquivir, le 4 août 1578.

1. Sanchez Coello apprit, dit-on, la peinture en Italie. En 1541, il demeurait à Madrid, où il se maria. Vers 1552, il passa en Portugal, au service du prince héritier don Juan ; à sa mort, sa veuve, la fille de Charles-Quint l'emmena avec elle à Valladolid. Il devint plus tard le peintre favori de Philippe II, à qui sa sœur l'avait recommandé. Il vivait encore en 1583, âgé de plus de 70 ans.

une allusion à don Carlos, la flatterie devient une dérision, le prince ne pouvant offrir ce qu'il ne possédait ni moralement ni physiquement.

Lors de sa première entrevue avec son grand-père, le 20 octobre 1556, à Cabezon près de Valladolid, Charles-Quint aurait dit de don Carlos à sa sœur Eléonore : « Il me semble très agité, sa contenance, son humeur, ne me plaisent pas, et je ne sais ce qu'il en adviendra avec le temps [1]. » La même année, D. Garcia de Tolède, son précepteur, se plaignait à Charles-Quint de la paresse de don Carlos et de ses instincts vicieux [2]. Il traitait avec si peu d'égards sa tante Juana que son grand-père fut obligé de l'en réprimander [3].

Quant à ses grâces physiques, en 1556, voici ce qu'on lit dans un rapport de Badoaro au Sénat de Venise : « Le prince don Carlos est âgé de douze ans; il a la tête disproportionnée avec le reste du corps; ses cheveux sont noirs, il est faible de complexion et il annonce une nature cruelle, etc. [4] »

Nous devons ajouter que le droit de la médaille de Leone Leoni est un fort beau portrait et que l'Apollon du revers est aussi une œuvre remarquable comme composition et comme exécution.

A ce même droit, sans aucune modification dans la date, on trouve encore adaptés deux autres revers, peut-être aussi de Pompeo, mais qui n'ont aucun rapport avec don Carlos.

---

1. MIGNET, *Charles-Quint*, page 152.

2. GACHARD, *Don Carlos et Philippe II*, Bruxelles, 1863, t. I, p. 33.

3. CABRERA, *Historia de Felipe II*, liv. II, cap. XI, p. 91.

4. Marie, fille de Charles-Quint, née à Madrid le 21 juin 1528, mariée le 16 septembre 1548 avec Maximilien, roi de Hongrie, fils de Ferdinand I, frère de Charles-Quint. A la mort de son mari, en 1576, Marie revint en Espagne, se retira dans le couvent des « Descalzas Reales de Madrid », où elle mourut le 26 février 1603.

L'un représente une femme debout, marchant à gauche sur des armes, parmi lesquelles on remarque un casque à turban, un canon, des javelots, un arc et un cimeterre; elle tient trois branches dans sa main droite et dans la gauche deux couronnes, une royale et une impériale. Autour on lit : **CONSOCIATIO·RERVM·DOMINA·** (n° 2).

Ce revers appartient à trois médailles de différents diamètres à l'effigie de la sœur de Philippe II, Marie, femme de Maximilien II, faite très probablement à l'occasion de leur couronnement à Prague, le 20 et le 21 août 1562, comme roi et reine de Bohême. C'était rappeler à la fois l'union qui existait depuis leur mariage, en 1548, entre les deux maisons d'Espagne et d'Autriche, et allait encore se consolider par la nouvelle alliance projetée entre la fille de Maximilien II et l'infant don Carlos, union dont nous aurons à parler plus loin. D'où la légende du revers : *Consociatio rerum domina.*

Le dernier revers n'est connu que par la gravure de Köhler [1]. On y voit une femme assise de face sur un gros cube de pierre; les pieds reposent sur le dos d'une tortue. La main droite est placée sur son cœur, son regard est tourné vers Dieu, figuré dans le haut de la médaille; à droite, devant le bloc qui sert de siège, est un chien debout et, un peu en arrière, Mercure offrant son caducée au Seigneur; à gauche, un enfant nu lui envoie un baiser.

La légende de ce revers est : **COGITATIO·MEA·AD· DOMINVM·** (n° 3).

II.

Deux ans après l'émission de la médaille de don Carlos, datée de 1557, on a pris un surmoulé de cette même médaille, qu'on a réduite à un ovale de 40 millimètres sur 33, en ne conservant que la tête et une partie du

---

1. Johann David Köhlers, *Münz-Belustigung*, XVI° volume, p. 73.

buste. Quant à l'ancienne légende, on la fit disparaître pour la remplacer par cette nouvelle : CAROLVS·PHI·F· ÆT·S·ANN·XIIII· (n° 4).

Van Loon, t. I, p. 120, et d'après lui, Herrgott (*Nummotheca principum Austriæ*, Fribourg, 1752), t. II, 1re partie, pl. XXXVII, 5, ont reproduit la pièce n° 6, sur laquelle le prince est représenté de face, tête nue avec la légende : CAROLVS·DEI·GRA·HISPA•PRINC. Autant que nous puissions en juger, d'après la gravure, cette médaille ne saurait être attribuée à Pompeo Leoni, mais plutôt à Gian Paolo Poggini. Herrgott a donné encore une variante du buste de face de don Carlos, dont le dessin ne nous inspire aucune confiance, aussi ne le citons-nous que pour mémoire; nous faisons de même pour la médaille n° 1 de la même planche qui est un coin, assez mal retouché, de notre n° 1.

Nous sommes en 1559.

Il s'était passé bien des évènements depuis 1557; Pompeo Leoni, pour quelques paroles peu orthodoxes qui lui étaient échappées, avait été dénoncé aux inquisiteurs, qui le condamnèrent à paraître dans un autodafé et à faire pénitence, dans la prison d'un couvent, pendant un an [1].

---

1. Sur plusieurs exemplaires des médailles à l'effigie de don Carlos, le nom de Pompeo Leoni a été enlevé. Cette suppression ne serait-elle pas due à une mesure de l'Inquisition? On se rappelle Tibère faisant effacer le nom de tous les monuments, de toutes les médailles où le nom de Séjan était inscrit. L'Inquisition, non moins implacable pour ses ennemis que l'empereur romain, avait bien pu ordonner la destruction des œuvres des malheureux qu'elle avait condamnés, et vouer leur nom à l'oubli en le faisant disparaître de partout où on le rencontrerait.

Le 14 juillet 1558, le secrétaire d'Etat, Juan Vazquez, écrivait de Valladolid à l'empereur : « L'emprisonnement de Pompeo, sculpteur, a eu pour cause une accusation portée contre lui d'avoir tenu certains propos luthériens. C'est pour cela que l'Inquisition le fit arrêter. On l'a mis dans le dernier *auto* qui a eu lieu, et on l'a condamné à passer, par

Le 21 septembre 1558, l'empereur s'était éteint au monastère de Yuste.

Le 21 mai 1559, dona Juana, don Carlos et toute la cour avaient assisté à un autodafé général qui s'était célébré à Valladolid.

Le 14 septembre, Philippe II, de retour des Flandres, faisait son entrée solennelle à Valladolid. Le dimanche 8 octobre, accompagné de la princesse sa sœur, de son fils don Carlos, des plus grands seigneurs d'Espagne, des ambassadeurs de France, etc., il préside un nouvel autodafé préparé *en son honneur* [1]. Le lendemain, le roi quitte Valladolid et se rend, avec dona Juana, don Carlos et toute sa cour, à Tolède où il devait faire reconnaître, par les Cortès, convoquées à cet effet pour le 9 décembre, le prince des Asturies pour son futur héritier.

C'est probablement à cette occasion que fut émise la petite médaille ovale, à l'effigie de don Carlos, modelée lorsqu'il avait douze ans, mais sur laquelle, pour les besoins de la cause, on lui en donna quatorze.

La prestation du serment que le prince avait à recevoir de tous les ordres de l'Etat fut, à cause de la fièvre dont souffrait don Carlos, depuis plusieurs mois, ajournée au 22 février suivant, dans la cathédrale de Tolède. « Don Carlos, vêtu avec magnificence, montait un cheval blanc, riche-

---

pénitence, une année dans un monastère ; il y a si longtemps que ceci a eu lieu, que je tenais pour certain que Votre Majesté en était informée. *Quant aux statues, elles sont en lieu de sûreté.* » (E. Plon, *op. cit.*, p. 135.) On craignait donc que les statues ne fussent enlevées par le Saint Office et peut-être brisées.

1. C'était le premier autodafé auquel Philippe II assistait. Parmi les condamnés se trouvait don Carlos de Sessa, allié par sa femme aux rois de Castille ; en passant devant le roi il lui aurait dit : « Comment, vous, sire, qui êtes un si grand gentilhomme, pouvez-vous permettre qu'on me livre aux flammes. » Philippe répondit froidement : « Si mon fils était aussi mauvais que vous, j'apporterais moi-même le bois pour le brûler. » (Cabrera, *Felipe II*, lib. II, cap. III.)

ment anarché et caparaçonné; à sa gauche était don Juan d'Autriche; la bonne mine, la tournure élégante du fils naturel de Charles-Quint contrastaient avec l'attitude disgracieuse et le teint blême et verdâtre du prince des Asturies [1]... »

III.

« Philippe II et don Carlos, son fils. — Bustes en regard, la tête nue, tous deux revêtus de leurs armures. Le roi porte le collier de la Toison-d'Or. Entre les deux portraits, la croix posée sur les trois montagnes. Sur l'encadrement en biseau, on lit en creux : **PHI·REX·HISP — CARO·PHIL·FILI·**, 1566. Topaze de Saxe octogone. Hauteur 21 mill., largeur 26.

« Monture en or émaillé, enrichie de grenats. » (Catalogue Chabouillet, p. 341, 2489. »

Cette intaille a été attribuée, par Mariette, à Jacopo Nizzola da Trezzo, célèbre graveur milanais, qui travailla pour Philippe II à Milan, à Bruxelles et à Madrid, où il mourut le 23 septembre 1589, dans une maison construite par son ami Juan de Herrera, située dans une rue qui porte encore aujourd'hui le nom de Jacopo Trezzo.

Il y a, en effet, une certaine analogie de style entre la tête du roi sur la topaze et celle du même roi sur la médaille, signée Iac. Trezzo et datée de 1555. Mais le style de l'intaille rappelle aussi la manière plus sèche du Florentin Gian Paolo Poggini, également orfèvre, médailleur et graveur en pierres fines, qui, après avoir fait les coins des monnaies de Philippe II à Bruxelles, de 1555 à 1559, passa en Espagne avec ce roi, et y mourut en 1582.

Cependant, parmi les nombreuses médailles que Gian Paolo fit pour la famille de Philippe II, il n'en existe

---

1. « Con mal color de quartanaria. » (CABRERA cité par *Gachard*, *op. cit.*, t. I, p. 60.)

aucune à l'effigie de don Carlos qu'on puisse lui attribuer avec certitude; le seul artiste connu qui ait reproduit en médaille les traits de ce prince est Pompeo Leoni. C'était le sculpteur attitré du prince des Asturies, c'est à lui que don Carlos confia l'exécution d'un crucifix, que, dans son testament du 19 mai 1564, il léguait au couvent du monastère de Notre-Dame d'Atocha « afin que ledit couvent priât Dieu pour son âme ».

Nous remarquerons encore que le portrait de don Carlos, gravé sur la pierre, est une copie de celui du bronze fait en 1557 par Pompeo Leoni.

M. E. Plon, dans son très bel ouvrage sur les deux Leoni, cite de Pompeo Leoni un saphir et une hyacinthe gravés en creux, dont on ne connaît que les empreintes. Ainsi Pompeo Leoni était, comme Jacopo Trezzo et Gian-Paolo Poggini, un graveur en pierres fines. On pourrait donc, non sans vraisemblance, lui attribuer l'intaille du Cabinet de France.

Depuis l'année 1560 jusqu'à 1566, date de notre intaille, la santé de don Carlos ne s'était pas améliorée. Lorsque Elisabeth de France vint se marier avec Phillippe II à Guadalajara, le 31 janvier 1560, elle vit pour la première fois le prince des Asturies; il était très pâle et se soutenait à peine, tant il était abattu par la fièvre quarte; prise de pitié, elle se montra pleine de bienveillance et lui témoigna un intérêt tout particulier. Don Carlos éprouva dès lors, pour sa belle-mère, une sympathie respectueuse qu'il conserva toute sa vie [1].

---

1. Les bénédictins de Saint-Maur font naître Isabelle de Valois le 13 avril 1545. D'après l'acte de mariage dressé à Guadalajara, le 2 février 1560, la fille ainée d'Henri II avait alors 13 ans, 9 mois et 18 jours. Elle serait donc née le 15 avril 1546. (*Du 15 avril 1546 au 15 avril 1559* : 13 ans; *du 15 avril 1559 au 15 janvier 1560* : 9 mois; *enfin, du 15 janvier au 2 février* : 18 jours.)

Une des clauses du traité de Cateau-Cambresis, en 1559, avait été le

La fièvre ne cédant pas [1], il quitta Madrid le 31 octobre 1561 pour aller respirer l'air plus pur d'Alcala de Hénarès; il était presque guéri au mois de mars suivant, lorsqu'une chute dans un escalier, le 19 avril, lui occasionna une blessure à la tête, qui mit sa vie en danger, et dont il ne fut guéri que le 17 juillet [2]. Au plus fort de la maladie, le 9 mai, alors qu'on désespérait, le duc d'Albe fit apporter le corps du bienheureux frère Diego [3] dans la chambre de don Carlos qui, après l'avoir baisé, se sentit moins oppressé et s'endormit. Diego lui apparut avec son costume de franciscain, et lui dit qu'il ne mourrait pas cette fois [4]. Retombé malade au printemps de 1564 à Alcalia, il confia au docteur Herman Suarez [5] la rédaction de son

---

mariage de don Carlos avec Elisabeth, mais, avant l'échange des signatures, Marie Tudor étant morte, Philippe II, devenu veuf, se substitua à son fils pour épouser la princesse. De là, a-t-on dit et répété, l'origine des malheurs survenus à don Carlos. On a supposé un violent amour entre la jeune Elisabeth, alors âgée de douze ans, et don Carlos en ayant à peine quatorze, et sans s'être jamais vus, pas même par un échange de portraits, comme très faussement les faiseurs de romans ont voulu le faire croire. Leur première entrevue eut lieu, comme nous l'avons dit, à Guadalajara. Nous renvoyons le lecteur, pour de plus amples informations, à l'histoire d'Espagne de LAFUENTE, IIIᵉ partie, livre II, chap. IX, et à l'ouvrage de GACHARD, *Don Carlos et Philippe II*, où tout est raconté dans les plus grands détails.

1 .«... Se trouvant ledict pauvre prince si affligé et tant exténué, que, s'il ne perd ce mal de tout l'hiver, la plus saine et commune opinion des médecins siens, est qu'il s'en va éthique et sans grande espérance de l'avenir. » (Mémoires de Sébastien d'Aubespine, évêque de Limoges, 5 septembre 1561.)

2. Voir les détails donnés par GACHARD, tome I, pages 72 à 92.

3. Frère Diego est le saint représenté dans le tableau de Murillo, du Musée du Louvre, catalogué sous le n° 546 et intitulé « La cuisine des Anges ».

4. Don Carlos, qui attribuait sa guérison à l'intercession de frère Diego, pria son père de demander au pape la canonisation de ce religieux. Elle fut accordée, mais n'eut lieu qu'après le décès du prince.

5. Le docteur Hernan Suarez de Toledo, natif de Talavera, était

testament qui fut achevé et scellé le 19 mai 1564, don Carlos étant alité. « Ce testament, écrit Gachard [1], est plein de sens, de raison et de cœur; » malheureusement don Carlos ne possédait aucune de ces qualités. Le testament écrit pendant sa maladie était l'œuvre de l'excellent docteur Suarez et non celle du prince d'Espagne.

Vers cette époque, deux ambassadeurs vénitiens s'exprimaient ainsi sur don Carlos : « Le prince est de très petite taille. Sa figure est laide et désagréable, il a pendant trois ans, presque sans interruption, souffert de la fièvre quarte, avec aliénation d'esprit parfois, qu'il paraît avoir hérité de son grand-père (Charles-Quint) et de sa bisaïeule (Jeanne la folle).....; il n'aime personne qu'on sache, mais il y a beaucoup de gens qu'il hait à mort. Il ne prend aucun plaisir aux choses agréables, honnêtes et vertueuses, mais seulement à faire du mal à autrui. »

Le 29 juin 1564, l'ambassadeur d'Autriche écrivait au roi de Bohême : « Le prince est assez bien de figure, il a les cheveux bruns et lisses, la tête médiocre, le front bas, le menton un peu long, la figure très pâle... Il n'est pas large des épaules, ni d'une taille élevée; l'une de ses épaules est plus haute que l'autre, sa poitrine rentre; il a une petite bosse au dos, à la hauteur de l'estomac. Sa jambe gauche est beaucoup plus longue que la droite, et il se sert moins facilement de tout le côté droit que du côté gauche. Il a les cuisses assez fortes, mais mal proportionnées, et il est faible des jambes. Sa voix est maigre, il éprouve de la gêne à parler, il prononce mal les *r* et les *l*... Il est fort glouton... Quant au commerce des femmes, il n'a pas encore fourni d'indice à ses inclina-

---

grand maître d'hôtel, *alcalde de casra y Corte*, de don Carlos pendant qu'il résidait à Alcalá.

1. *Tiepolo*, relation du 19 janvier 1563, aux Archives de Venise. (GACHARD, I, 153.)

tions à cet égard… Conclusion : Don Carlos est un prince infirme et faible, mais en revanche, il est le fils d'un puissant monarque. » (Rapport de Dietrichstein traduit par Gachard, tome I, p. 146-147 [1].)

Cependant Brantôme, qui passa le mois d'octobre 1564 à Madrid, raconte tout au long, avec son cynisme habituel, de quelle façon, la nuit venue, don Carlos, en compagnie de quelques jeunes courtisans, se plaisait à « ribler le pavé » et à insulter, de la voix et du geste, les femmes qu'il rencontrait, fussent-elles les plus grandes dames du pays [2].

« Malgré ses imperfections physiques et morales, fait remarquer Gachard, il n'y avait pas une seule princesse en Europe, qui n'eût été fière de donner sa main à l'héritier présomptif du plus puissant empire de la Chrétienté [3]. »

En effet, Elisabeth de France était, depuis un an à peine, reine d'Espagne, que Catherine de Médicis pratiquait d'actives menées pour marier ´sa troisième fille Marguerite avec don Carlos [4].

Le corps de François II n'était pas encore transporté à Saint-Denis, que les princes de Lorraine négociaient secrètement le mariage de leur nièce Marie Stuart, avec le fils de Philippe II [5].

---

1. Le 11 juillet 1564. Dietrichstein ajoute aux informations du 29 juin : «… L'opinion générale est qu'il n'a pas vu de femme jusqu'ici, Lorsqu'on lui en parle, il répond qu'il n'en veut connaitre d'autre que celle qui sera son épouse, dût-on le traiter d'eunuque, faire des plaisanteries sur son compte, etc. » (Trad. Gachard, I, 151.)

2. BRANTÔME, *édition Buchon*, 1838, tome I, pp. 126-127.

3. GACHARD, I, 173.

4. Lettre du 28 juillet 1560 du cardinal de Lorraine à Sébastien de l'Aubespine, ambassadeur de France à Madrid.

5. François II mourut le 5 décembre 1560, le 28 du même mois, Thomas Perrenot informait Philippe II des ouvertures secrètes que lui avait faites le cardinal de Lorraine. (MIGNET, *Histoire de Marie Stuart*, t. I, p. 102.)

Elisabeth d'Angleterre, née douze années avant le prince, se plaignait à don Diego Guzman de Silva, ambassadeur d'Espagne, de ce que le roi d'Espagne ne pensait pas à elle pour son fils, qu'il la dédaignait et lui préférait la reine d'Ecosse [1].

Doña Juana, sœur de Philippe II, veuve du prince de Portugal, mère du roi don Sébastien, et de deux ans seulement moins âgée que la reine d'Angleterre, prétendait, en sa qualité de fille d'empereur, être l'unique princesse que, sans déroger, pouvait épouser un petit-fils de Charles-Quint [2].

Catherine de Médicis n'obtint de Madrid que des réponses évasives, la reine d'Angleterre se retira, et don Carlos déclara net qu'il n'épouserait jamais sa tante Juana pour laquelle il n'avait jamais éprouvé que de l'antipathie [3].

Philippe II eût préféré Marie Stuart, reine d'Ecosse avec des droits éventuels à la couronne d'Angleterre, mais la fille de Henri VIII ayant fait savoir qu'elle verrait une ennemie dans la reine d'Ecosse, si le mariage espagnol se faisait, Philippe II abandonna ses vues sur la veuve de François II, et chercha pour son héritier une alliance dans la maison d'Autriche, alliance recommandée autrefois par Charles-Quint, et ardemment désirée ensuite par l'empereur Ferdinand I et par son futur successeur, Maximilien, alors roi de Hongrie. La fille de ce dernier, l'archiduchesse Anne d'Autriche, née en 1549, fut fiancée à don Carlos qui, sur la vue de son portrait, en devint éperdument amoureux.

---

1. Lettre de Guzman de Silva au roi, 10 juillet 1564, citée par GACHARD, t. I, p. 183.

2. Cf. GACHARD, t. I, 180, 182.

3. Le 15 avril 1562, de l'Aubespine mandait à Catherine de Médicis que dona Juana, très affectée du dédain dont elle était l'objet, en maigrissait à vue d'œil. (GACHARD, t. I, p. 185.)

Cependant Philippe II ajournait sans cesse la conclusion de ce mariage, au grand ennui de don Carlos et malgré les dépêches réitérées de son beau-frère Maximilien II. Le roi avait déjà fait dire en 1564, par son chargé d'affaires à Vienne, Chantonay, que « don Carlos n'était pas dans une situation physique qui permît de le marier ; que bien qu'il eût dix-neuf ans accomplis, et qu'on voie d'autres jeunes gens tardifs, Dieu a voulu qu'il le fût plus qu'eux tous ».

Philippe II, comme il le donna plus tard à entendre, voulut-il, en retardant indéfiniment ce mariage, épargner à sa nièce les déceptions et les malheurs qui la menaçaient dans une union avec le prince d'Espagne ? Attendait-il, de jour en jour, un changement dans l'incapacité physique de son fils ?

Toujours est-il que la passion de don Carlos pour sa cousine, qu'il ne connut jamais qu'en peinture, semblait augmenter à mesure que son père faisait surgir des obstacles.

En même temps qu'il maudissait les atermoiements du roi, le prince demandait au ciel un miracle pour faire cesser la cause des imputations fâcheuses répandues sur son compte.

Se rappelant que le 9 mai 1562, abandonné des médecins, quand on ne lui croyait plus que quelques minutes d'existence, il était revenu à la vie par le simple attouchement du corps du bienheureux fray Diego, don Carlos se persuada sans doute que notre Seigneur Jésus-Christ le prendrait en pitié une seconde fois et permettrait qu'un second miracle s'accomplît en sa faveur, au contact des saintes reliques qu'il allait faire demander à Rome.

Ce dut être dans cette disposition d'esprit que se trouvait don Carlos lorsqu'il écrivit, le 18 février 1567, à son ambassadeur près la cour pontificale, don Luis de Requesens, l'étrange lettre suivante :

« Grand Commandeur de Castille, je vous recommanderai quatre points dans cette lettre :

Le premier, d'employer tous vos efforts pour m'envoyer de Rome, de quelque manière que ce soit, un peu du prépuce du Christ [1].

Le second, d'employer aussi tous vos efforts et de mettre toute la diligence possible pour m'adresser un fragment de l'inscription de la Croix [2], fragment qu'il faut que vous voyiez détacher devant vous.

Le troisième concerne ce que je vous ai déjà écrit à propos des messes à célébrer d'heure en heure, depuis dix heures du matin jusqu'au coucher du soleil [3].

Le quatrième concerne le docteur Suarez [4]. Il a perdu son fils et vous connaissez mon désir de voir transmettre à son autre fils le bénéfice qui avait été concédé au défunt.

Si vous réussissez dans vos quatre négociations, vous m'aurez rendu un grand service et procuré plus de plaisir et de satisfaction que je ne saurais vous l'exprimer ici.

Informez-moi le plus tôt possible du résultat de vos premières démarches, et vous continuerez à me mettre au courant des subséquentes. — 16 février 1567. — Moi le Prince.

(*Au dos.*) Au grand Commandeur de Castille [5]. »

---

1. Cette relique était conservée aux « Saints des Saints », nom donné à la chapelle de Saint-Laurent dans la basilique de Latran, à Rome. (M. BARBIER DE MONTAULT, *La Grande pancarte de la basilique de Latran*, p. 11.)

2. « Pars Sanctissima Crucis D. N. J. C., et tituli ejusdem. » (M. BARBIER DE MONTAULT, *ibid.*)

3. Don Carlos faisait célébrer des messes pour recouvrer des choses perdues : « 22 de mayo 1556 (payé), à fray Diego de Ovando, dos escudos en oro, por las misas que hizo decir, porque pareciesen las piedras que se perdieron. » (*Coleccion de documentos ineditos para la historia de España*, t. XXVII, p. 110.)

4. Le docteur Hernan Suarez qui rédigea le testament de don Carlos (Voir note 21.)

5. Cette lettre autographe inédite nous a été communiquée par notre savant ami, M. le comte de Valencia de don Juan. En voici la transcription textuelle ligne par ligne ;

Cette lettre, presque illisible, dont les mots enchevêtrés les uns dans les autres, forment des lignes sinueuses et descendantes, doit avoir été écrite dans un moment où l'esprit naturellement agité et inquiet de don Carlos se trouvait en proie à une obsession douloureuse.

La même réflexion s'impose devant le portrait appartenant au comte d'Oñate.

Si le peintre anonyme a fait preuve d'un grand talent dans l'exécution du riche et élégant vêtement de satin blanc damassé que porte le prince, si les boutons d'or émaillés bleu et blanc, la fourrure des revers du pourpoint, les ciselures et les émaux rouges, bleus et blancs de l'épée et de la dague sont rendus avec une rare virtuosité, la tête de don Carlos émergeant de ce splendide costume, n'en a pas moins une expression navrante. Ses

1 Conmendator mayor de
2 Castilla 4 puntos os es
3 cribire en esta el prime
4 ro en todas maneras q̄ sea
5 yen roma el pepucio de cris
6 to q̄ enbien un poco
7 del y en esto agays to
8 das vra fuersas | el se
9 gundo es q̄ agays todas
10 vra fuersas posibre y di
11 ligencia q̄ si es prosibre
12 me enbien un poco der
13 titulo de la + y si lo me
14 enbiaren q̄ lo beais
15 cortar | lotersero es
16 q̄ aq̄llo q̄ os escrevi sobre
17 lo de la misa a todas oras
18 desde las X en adelan
19 te asta puesta el sor
20 y lo 4 porq̄ se le a muelto al do
21 tor Xuares su hijo q̄ agays
22 por q̄ sepays q̄ es

23 mi animo (y toda la instancia plo-
      sibre)
24 para q̄ se le conceda a(o)tro
25 su hijo en elqual a de
26 legado el muelto en esto
27 recebire gran plazer y
28 Servicio y contenta
29 men(to) y en todos esto
30 s 4 puntos q̄ no lo pro
31 dre aqui encarecer
32 y respondeme luego
33 en el(l)a de todo lo q̄ se fue
34 re asiendo me ireys abi
35 sando de (e)llo acabo a X
36 viii de ebrero
37   yo el principe.

Al conmendador
mayor de Ca
stilla

Nous avons vu qu'en parlant, don Carlos éprouvait de la difficulté à prononcer les *l* et les *r*. Il confondait aussi ces deux lettres en écrivant : ligne 10, il met *posibre* pour *posible;* ligne 20, *muello* pour *muerto*, et ligne 19, *sor* pour *sol*, etc.

yeux vert pâle, au regard indécis sur lesquels la paupière
supérieure tombe inerte, l'extrême maigreur des joues,
leur pâleur anémique, ses lèvres décolorées et comme
enflées, l'inférieure surtout, la pénible contraction de son
sourire, tout enfin, dans cette figure triste, dénote le
pitoyable état de l'âme et du corps du malheureux prince,
au moment où il posa devant le peintre.

C'est qu'en effet, vers le commencement de 1567, date
de la lettre et du portrait, le prince croyait à la réalisa-
tion de son mariage avec sa cousine, Philippe II parais-
sait se laisser fléchir devant les instances de l'empereur.
Un prompt miracle devenait nécessaire; les trois premiers
« points » de la lettre n'ont pas d'autre objet que de pro-
curer les moyens de l'obtenir.

Non content de s'adresser au ciel, don Carlos consulta
aussi un apothicaire choisi par Ruy Dias de Quintanilla,
son barbier et son confident. Il prit en avril un breuvage
dont le résultat fut tel qu'il ordonna d'en informer immé-
diatement l'empereur [1]. Un ambassadeur, Venegas, par-
tit pour Vienne le 3 juin portant à sa cousine, de la part
du prince, une bague, sur laquelle se trouvait son portrait
gravé sur une pierre précieuse entourée de diamants; ce
joyau valait, dit-on, 30.000 écus [2].

Mais, le 30 juin, l'ambassadeur de France, Fourquevaulx,
mandait à Catherine de Médecis, qui conservait toujours
l'espoir de marier Marguerite de Valois avec don Carlos,
que : « Nonobstant les receptes, que les trois médecins
luy ont faict user, pour le rendre habile d'espouser

---

1. Il prit un breuvage préparé par un apothicaire sous la surveillance
et d'après la formule de trois médecins. Le prince d'Espagne, aussi géné-
reux que surpris, gratifia de mille ducats de rente chacun des trois médecins et de six cents le barbier et l'apothicaire. Quant à la patiente, elle
eut une maison pour elle et sa mère, et de plus un don de 12.000 ducats.
(*Fourquevaulx*, le 30 juin, à Charles IX. *Dietcichstein*, le 5 juin, à l'empereur. *Leonardo de' Nobili*, 24 juillet, à Côme de Médicis.)

2. (FOURQUEVAULX, 30 mai, à Catherine de Médecis.)

femme, c'est temps perdu d'en espérer lignée, car jamais il n'aura enfants, et qu'il le sçait très bien [1]. »

« Faut-il attribuer au désappointement de don Carlos, écrivait Gachard, l'habitude qu'il prit de courir la nuit les mauvais lieux, armé d'une arquebuse et commettant toutes sortes d'insolences? Le fait est attesté par les ambassadeurs de Florence et de Venise, et les détails qui sont consignés dans les comptes des dépenses du prince, sur des barbes postiches achetées par lui, sur des chemises perdues pendant des nuits qu'il avait passées dehors, ou brûlées par ses ordres dans sa chambre, n'y sont probablement pas étrangers [2]. » Les remontrances bien naturelles de Philippe II n'eurent d'autre effet que d'augmenter la haine que lui portait son fils. Don Carlos ne pardonnait pas à son père de lui avoir refusé le gouvernement des Pays-Bas et de susciter continuellement des empêchements à son mariage avec sa cousine. Exaspéré, il se résolut à quitter clandestinement l'Espagne pour se réfugier en Italie, d'où il espérait soulever les Flandres en sa faveur, en en faisant un état libre; il devait encore enlever la couronne de Naples à son père et la donner à don Juan d'Autriche, son oncle, qu'il avait pris pour confident, mais celui-ci s'empressa de dénoncer au roi les projets du prince des Asturies.

Philippe II reçut les confidences de don Juan le 25 décembre. Il attendit jusqu'au 20 du mois suivant, pour prendre un parti. Ce jour-là, don Carlos fut gardé à vue dans ses appartements. Sa santé déjà chancelante ne put supporter cette détention. Son état empira; il ne fit que l'aggraver en se livrant tour à tour à des excès de jeûne ou de nourriture et il mourut en désespéré le

---

1. (Fourquevaulx, 30 juin, à Catherine de Médicis.)
2. (Gachard, p. 419, 420 et notes.)

24 juillet 1568. (Voir le chapitre XVI de Gachard dans son don Carlos et Philippe II.)

La plupart des historiens ont apprécié très sévèrement la conduite de Philippe II envers son fils.

Avant de prononcer un jugement définitif, il faut considérer dans Philippe II le père et le roi.

Le père put croire d'abord que les instincts déplorables manifestés chez don Carlos, dès le berceau, disparaîtraient ou au moins s'atténueraient avec le temps. On a vu que cet espoir ne se réalisa pas.

Sorti de l'enfance infirme et difforme, don Carlos ne se fit aucune illusion sur toutes ses misères ; il prit en aversion la nature entière et s'en vengea aussi bien sur les hommes que sur les animaux.

Nous savons la façon indigne dont il traitait les gentilshommes de sa maison et comment il massacra les vingt-trois chevaux de son écurie et tua, à coups d'épée dans le ventre, le cheval favori de son père [1].

---

1. Le docteur Suarez, dans sa lettre du 18 mars 1567 à don Carlos, lui reproche des actes de cruauté odieux envers les hommes et les animaux : D'avoir voulu faire jeter par la fenêtre son ancien favori, Juan Estevez Lodon ; souffleté un de ses gentilshommes, don Alonso de Cordoba, pour une réflexion faite six mois auparavant ; menacé de son poignard son majordome, don Fadrique Hernandez ; commandé de massacrer les habitants d'une maison qu'il voulait faire incendier, parce qu'il avait reçu un peu d'eau sur la tête en passant sous la fenêtre de cette maison ; de s'être, un jour, enfermé pendant cinq heures dans ses écuries et de n'en être sorti qu'après avoir accablé de coups et criblé de blessures les vingt-trois chevaux qui s'y trouvaient ; d'avoir, une autre fois, prié instamment le grand écuyer de lui laisser visiter le cheval favori de son père, en jurant sur la vie de ce dernier qu'il ne nourrissait aucune mauvaise intention, et après un pareil serment, de s'être aussitôt rué sur le pauvre animal, et de le frapper de tant de coups d'épée qu'il en mourut peu de jours après.

Suarez lui reproche encore de ne plus aller à confesse, de s'être rendu coupable de certaines choses « qui sont terribles », dont le Saint-Office aurait le droit de s'occuper, et il termine en engageant le prince, s'il ne

L'être qu'il détestait le plus au monde, c'était son père.

Dans les papiers saisis chez don Carlos, au moment de son arrestation, Philippe lut, écrit de la main de son fils, son nom placé en tête de la liste de ceux de ses ennemis qu'il devait « persécuter jusqu'à la mort [1] ».

Si Philippe II pouvait attribuer les déportements de son fils à une infirmité cérébrale et, à ce point de vue, comme père, lui pardonner, il lui était interdit, comme souverain, sans commettre un crime de lèse-nation, d'abandonner après lui le sort de ses sujets et la conservation de ses états à un prince aussi incapable de gouverner les uns que de défendre les autres.

L'indulgence paternelle dut faire place à la raison d'Etat.

On comprend dès lors que Philippe II ait écrit, le 20 janvier 1568, à sa tante Catherine, reine douairière de Portugal, cette lettre dans laquelle il disait : « Je dois faire à Dieu le sacrifice de ma propre chair et de mon propre sang, et préférer son service et le bien public aux autres considérations humaines [2]. »

Aloïss HEISS.

---

veut pas perdre son état et son âme, à se réconcilier au plus tôt avec son père et avec Dieu. (Cf. GACHARD, *op. cit.*, pp. 399-403.)

1. Cf. GACHARD, *op. cit.*, pp. 479-480.
2. GACHARD. Appendice B, pp. 467-468.

PHOTOTYPIE BERTHAUD, PARIS

1, 2, 3, 4, 5 MÉDAILLES DE DON CARLOS

FILS DE PHILIPPE II, ROI D'ESPAGNE

6. INTAILLE AUX EFFIGIES DE PHILIPPE II ET DE DON CARLOS